I0705647

NO SÉ TODAVÍA

UN BREVE ENSAYO SOBRE LA ILUSIÓN DE LOS "NUEVOS MADRILEÑOS"

RAMÓN DE ISEQUILLA REAL DE AZÚA

NO SÉ TODAVIA
Autor: © Ramón de Isequilla Real de Azúa

Primera edición: noviembre 2022
Registro de la Propiedad Intelectual 1ra Edición: M-008101/2022

ISBN: 9798366285599

Rotulación y diseño: Justina de Isequilla

INDICE

CAPÍTULO 1

Que difícil es ponerle nombre a un ensayo

En una fría mañana del otoño madrileño, en el día de "Cristo Rey del Universo" (último domingo del año litúrgico), estoy en mi escritorio, buscando el título que le voy a poner a este brevísimo ensayo que no pretende ser más que algunas reflexiones volcadas en unas pocas líneas.

Inmediatamente me viene a la memoria la imagen de mi padre en su vejez, con su saco de fumuar (del lunfardo argentino: "saco de hombre para usar en el interior de la casa") obligado a alejarse del mar, su gran pasión como marino mercante argentino, que lo llevó a mares infectados de minas y peligros durante la segunda guerra mundial, encontrando refugio de su vejez en su colección de estampillas usadas, donde pasaba interminables horas clasificando y buscando raros ejemplares.

Estampillas que mostraban con una primera mirada el origen de una carta, que podía traer buenas o malas noticias, o simplemente ser una carta de amor; las estampillas son un fetiche que las nuevas generaciones apenas conocen, aunque en los últimos días se ha vuelto a hablar de ellas, por el vergonzoso homenaje que "Correos de España" realizó a los cien años (un año después, chapuza típica del régimen) al responsable de uno de los genocidios del siglo XX, el "partido comunista", que junto al "partido nazi" tiñeron de sangre a Europa y al mundo.

La última semana participé de una serie de eventos organizados por los "Nuevos Madrileños" del Partido Popular del Distrito de Salamanca y por la agrupación "Hispanos con PP", en los cuales tuve la oportunidad de sumergirme en el fascinante mundo de los nacidos en Hispanoamérica residentes en Madrid, siendo esa experiencia el disparador de estas reflexiones volcadas en estas líneas cuyo nombre "no se todavía".

Mi primera satisfacción fue el nombre de la agrupación, "Hispanos con PP", desterrando el uso de la palabra "latinos". No existen los "latinoamericanos", es un invento de los franceses, llegados varios siglos tarde a América, encontrando la realidad de una américa hispana, una américa lusitana y una américa anglosajona, buscando un lugar en la nueva realidad que estaba formando España en su gesta civilizadora, donde de la fusión de razas surgió un fenómeno único en la historia.

La denominación "latinos" ha sido utilizada también de forma peyorativa para estigmatizar lo no británico y lo no estadounidense blanco, protestante y anglosajón, intentando eliminar todo lo que sea español en América.

En un programa de la televisión estadounidense preguntaron a una concursante "¿qué idioma hablan los latinos?", respondiendo ella: "latín", esto provocó una serie de burlas de la audiencia, pero les informo a esos listillos televisivos, que la respuesta fue correcta, siendo tan brutos que ni se dieron cuenta, los latinos hablaban latín, padre de las lenguas romances, como el español, el portugués, el francés y el italiano entre otros, los que hablamos español no somos latinos somos hispanos, los que hablan portugués son lusitanos y si queremos unirnos en una realidad histórica todos los que habitamos en el sur de Norteamérica en toda Centro y Sur América somos "Iberoamericanos", y la epopeya española que creó una nueva civilización, fue hablando "español".

Otra de las maneras de estigmatizarnos, ha sido denominar a las bandas juveniles violentas, originarias en las comunidades salvadoreñas y dominicanas en Estados Unidos, exportadas a España en la última década, como "bandas latinas", para asimilar todo lo malo a la herencia española, o sea la "Leyenda Negra 2.0".

Y ya que estamos en plan de definiciones, entiendo que denominar españoles a los nacidos en la península e iberoamericanos a los nacidos en América, es un error, para mí, todos somos españoles unos "españoles peninsulares" y otros "españoles atlánticos".

Nunca fuimos colonias, fuimos provincias, reinos de "Las Españas", a diferencia de los otros países europeos, que sometieron las tierras conquistadas al "coloniaje" expoliándolos, sin nunca reconocerlos en igualdad de condiciones con los nacidos en las metrópolis.

Si bien nacimos en países americanos independientes y soberanos, somo parte de una misma civilización creada por el imperio español, el más grande de la historia, el creador de la verdadera globalización y el primero en reconocer volcando en su legislación los "derechos humanos".

Imperio que descubrió, conquistó, civilizó y evangelizó un continente, integrando socialmente, fusionando sus culturas y mezclando su sangre a los europeos e indios.

Mientras que los británicos y sus descendientes estadounidenses los expulsaban de sus tierras, los encerraban en reservaciones y mataban a sus aborígenes, los españoles se casaban y formaban familias y los que no se comportaban de esa manera (que los hubo y sin duda fueron muchos), eran perseguidos por la ley, (que no siempre se cumplió, pero estaba ahí), teniendo como ejemplo de civilización superior el "Juicio de Residencia" al que eran sometidos todos los gobernantes al fin de su mandato, contrario sensu de los británicos, que luego de arrasar poblaciones enteras en todo el mundo "se iban de rositas".

En una presentación que hicimos ante argentinos en la sede del Distrito de Salamanca, les dije: "les va a hablar un nuevo madrileño y un viejo argentino" y fueron mis propias palabras las que me llevaron a una reflexión: caramba: soy un nuevo madrileño, un viejo argentino, pero fundamentalmente soy español, con quinientos años de ascendencia establecida en América y otros ochocientos años de ascendencia registrada en la España Peninsular.

Estos orígenes me obligan a reflexionar sobre "Las Españas" y a tomar posición sobre los acontecimientos actuales, que están poniendo en riesgo la unidad y la misma existencia de España.

El Partido Popular en general y el gobierno del Partido Popular de Madrid, está llamado una vez más a gobernar en los próximos meses, para arreglar el caos y el dislate que nos ha llevado el Partido Socialista Obrero Español creando de la mano de los narco comunistas caribeños de Podemos, los comunistas catalanes de Ezquerra Republicana de Cataluña, los herederos de la banda asesina ETA, Euskal Herria Bildu, un "gobierno Frankenstein" con cada día más indicios de estar derivando en una dictadura comunista.

La propuesta ilusionante de Isabel Díaz Ayuso que convirtió a Madrid en el motor económico de España, la ciudad europea con mejores condiciones para los negocios, un oasis de libertad, que supo equilibrar durante la pandemia, la salud con la supervivencia económica, pese al ataque permanente de gobierno central, ha despertado en la corriente inmigratoria que se está concentrando en Madrid una importante adhesión y simpatía, que ha comenzado a organizarse bajo el rótulo de "Nuevos Madrileños" e "Hispanos con el PP", a los cuales dedico esta reflexión.

CAPÍTULO 2

La razón por la cual nos embarcamos en este viaje de arena gruesa

Si hay dos personas hablando mal de España, seguro que son españoles, quizás el país europeo con peor percepción sobre si mismo, pero no siempre fue tan serio este problema como lo es hoy en día, pues al cainismo inmortalizado por Goya, en el último lustro, se le ha sumado una corriente caribeña, que declaró el adanismo a partir de renegar la transición, diluyendo la Constitución del 78 por la puerta trasera con aberrantes leyes votadas por la mayoría Frankenstein, que están ya entrando en el campo del ridículo.

Aprovechamos el momento, para pedir perdón, por la basura ideológica llegada principalmente de Argentina, financiada por narcos venezolanos y terroristas iranies, exponentes de la caótica Iberoamérica hoy secuestrada por el narco comunismo, donde Ecuador y Uruguay son la excepción y un oasis de libertades, en un continente sumergido en el pensamiento único del comunismo 2.0 con mucha perspectiva de género, que remplazó la fracasada lucha de clases por la lucha de sexos, hoy de moda también en España, con una deriva monstruosa de la eliminación del sexo como vértice natural del amor y de la reproducción, para convertirlo en instrumento de dominación, llegando una ministra del actual gobierno a realizar una apología de la pederastia.

Como afirma nuestro compañero Luis, "venimos del futuro", todas las calamidades que empieza a sufrir la Península ya las vivimos en América, a lo cual puedo agregar que somos expertos en inflación, en crisis y en golpes de estado.

La avalancha de inmigración procedente de Hispanoamérica, cuyo destino principal es Madrid tiene una motivación, construir un futuro para sus hijos, que sus territorios de nacimiento hoy se lo niegan. Traen en su equipaje conocimientos, ilusiones y el idioma español, para refrescar la lengua de Cervantes, hoy atacada por el independentismo especialmente catalán y vasco con la complicidad del gobierno del PSOE-Podemos.

Cuando gobernaba Cataluña una asociación acusada de banda criminal, denominada periodísticamente Clan Puyol, frenó la inmigración Iberoamericana para promover la procedente del norte de África, por la sencilla razón que no hablaban español y era más fácil adoctrinarlos directamente en catalán, hoy Cataluña encabeza en Europa las zonas de peligro de influencia del terrorismo islámico.

El invierno demográfico que se encuentra Europa, donde España al tope de esperanza de vida en el mundo, necesita para ser sostenible en los próximos veinte años el aporte de los "españoles atlánticos" para cubrir tareas cruciales como la salud y el cuidado de enfermos y ancianos, la explotación agropecuaria y los variados servicios, y el mismísimo sistema previsional, que colapsará con la inminente jubilación de los baby-boomers, donde no se va a contar con el aporte de nuevos trabajadores, en un planteo de solidaridad intergeneracional, que el ahorro personal no ha podido suplir exitosamente.

Traemos conocimiento, idioma e ilusiones, venimos luego de cinco siglos de cultura en común, para salvar a la península del comunismo, de la deriva de la Unión Europea y de los españoles desesperanzados.

Hace unos cuantos años en la televisión argentina había un extraordinario periodista peruano llamado Hugo Guerrero Marthineitz, apodado "el peruano parlanchín" cuya frase de batalla era "como argentino, como peruano y como iberoamericano, estoy desesperanzado, desesperanzado". Esa desesperanza puso al continente al borde del abismo, no permitamos que ocurra lo mismo en la península, por ello le pedimos a los "españoles peninsulares" que se contagien de nuestra ilusión, la misma con que hace quinientos años España cruzó las Columnas de Hércules, grabando en la historia la frase "Plus Ultra".

Durante seiscientos años, la península fue la provincia romana Hispania, la más occidental, el "finisterre" la puerta a lo desconocido, llegando durante un período, por presencia de Augusto Cesar Octaviano a ser capital del imperio en Tarraco.

La deriva independentista destruyó la gloriosa historia del Condado de Barcelona, líder de la iniciativa del Reino de Aragón, al cual siempre perteneció, salvo el interregno de dominio francés, llevando la frontera de las Españas al Mediterráneo interior, dominando con el Reino de Sicilia, a un tercio del territorio de la actual República Italiana.

Nuestro territorio alberga a Cádiz, la primera ciudad de Occidente, con sus tres mil años de historia, desde que la fundaron los fenicios, también la península fue escenario de la épica cartaginesa, que en la Segunda Guerra Púnica casi conquista Roma, y a mi entender es recipiendaria del origen del occidente actual, con la fusión de los Visigodos, la tribu bárbara más adelantada de su época, que nos legara la Lex Romana Visigothorum.

Ese aporte visigodo fue crucial para moldear occidente que con sus tres pilares originarios Jerusalem, Atenas y Roma tomaba el aire fresco de los pueblos del norte y se embarcaba en la evangelización del mundo.

Negar hoy en día el rol de la Iglesia en la formación de Occidente, es negar la existencia misma de nuestra civilización en la cual Las Españas fueron el salto a su consolidación.

En esta foto de donde partimos, no puede faltar una referencia a dos de las grandes herejías, la "Gran y Persistente Herejía de Mahoma" y la mal llamada "Reforma Protestante", vigentes en la actualidad con una fuerza renovada por la "comodidad y flojera" del catolicismo, que lamentablemente se eligió homenajear los 500 años del hereje Lutero e ignoró el jubileo de los 400 años de Santa Teresa de Ávila, doctora de la iglesia y copatrona de España. La tierra de los Reyes Católicos que llevaron la Fe alrededor del mundo, la que también resistió salvando a la Iglesia del comunismo en la tercer década del siglo XX están esperando la visita del Papa argentino.

Nuestros vecinos Alemania, Inglaterra (no el Reino Unido) y Francia nos acecharon y combatieron durante siglos por su enfermiza envidia al Imperio Español, a los cuales se sumó la traición de Holanda con el oscuro personaje de Guillermo de Orange.

Mientras España lideraba la lucha contra el turco (simplificación de la herejía de Mahoma) esos países conspiraban a nuestras espaldas y lo que no pudieron lograr en el campo de batalla lo hicieron en la propaganda, tema que nos referiremos en el capítulo 4.

Alemania ha sido en distintos períodos un peligro para la civilización, primero en sus orígenes de pueblos bárbaros, poniendo en jaque a Roma, hasta que sus pueblos fueron cristianizados primero por la herejía arriana, y luego definitivamente por el catolicismo gracias al visigodo Alarico II Balthes.

Carlomagno intenta recuperar la gloria del recién caído imperio romano, con el Sacro Imperio Romano Germánico donde los Príncipes Electores Alemanes elegían al Emperador y durante 900 años intentaron emular la gloria de Roma, pero el nacimiento de las futuras naciones, le recortaron poder e importancia.

La segunda etapa está signada por esos Príncipes Electores y demás personajes del norte de Europa, que aprovecharon la herejía Luterana y Calvinista, para expropiar los bienes de la Iglesia Católica quedándose con ellos (antecedente de la desamortización de Mendizábal y presumiblemente de la próxima ejecución de la llamada Ley de Memoria Democrática del gobierno Frankenstein, que empieza mudando tumbas y seguirá demoliendo Cruces).

La tercera etapa, es el nazismo (el cual da asco sólo nombrarlo), que en sociedad con el comunismo ruso incendiaron el mundo, revolución comunista, que fue favorecida una década antes, por el gobierno alemán llevando a Lenin a través de su territorio para tumbar la dinastía Romanov y cambiar el rumbo de la primera guerra mundial .

Finalmente, la cuarta etapa la inauguró el corrupto Canciller Gerhard Schröder que vendió la independencia energética de Alemania y de Europa a Rusia por un puesto en Gazprom, teniendo luego la complicidad de Angela Merkel en su hoja de ruta de sometimiento de Europa a Rusia.

Inglaterra conocida como la pérfida Albión en las guerras napoleónicas, fue factor preponderante en la difusión del protestantismo, responsable de un cisma en la Iglesia Católica y asimismo el entusiasta difusor de la "Leyenda Negra".

Perdió mil batallas contra la armada española, llevó la piratería y transportó a los esclavos africanos al nuevo mundo, siguiendo la tradición esclavista de los árabes, pero las ganó en la prensa y en los libros de historia.

Holanda con el traidor Guillermo de Orange y su odio visceral a Felipe II fue el origen político de la difusión de la Leyenda Negra, seguida en versiones corregidas y aumentadas por Inglaterra y Estados Unidos, ante la permisividad de la corona española y la "compra" de la farsa por parte del pueblo español.

Finalmente, los reyes franceses con su boato y envidia a los reinos de España y Portugal batallaron sin cesar durante largos períodos, culminando con la criminal invasión napoleónica origen de nuestra guerra de la independencia, donde el glorioso pueblo de Madrid salió a las calles mientras el Rey huía, imitado en cierta medida por Alfonso XII que fue intimidado por el resultado de una elección municipal, permitiendo el nacimiento de la Segunda República que nos llevó a la guerra civil.

Pero los problemas que trajo Francia a la humanidad trascienden sus monarcas, en la medida que nos legó uno de los períodos más oscuros y sanguinarios de la historia europea con su "Revolución Francesa" y su hijo predilecto Napoleón.

El rol negativo de Francia no se agota y nos llega al día de hoy con el "pan y circo" contemporáneo, el mundial de futbol de Qatar, conseguido en uno de los procesos de corrupción más escandaloso de lo que va del siglo, con el paso por los juzgados con distintos resultados, de toda la cúpula de la FIFA en un acto de superación al cuestionado COI.

Ese proceso de corrupción tuvo en Francia dos partícipes necesarios, Nicolas Sarkozy y Michel Platini. También indigna tener que escuchar a otro miembro de este tristemente célebre colectivo que es la FIFA, Gianni Infantino, heredero de Blatter, Havelange, Grondona, Blazer y su cómplice Burzaco, decir que Europa debe pedir perdón al mundo por tres mil años de no sé qué cosas, por los próximos tres mil años.

España y Europa no tienen que pedir perdón a nadie (aunque reconocemos que en determinados momentos las conductas de algunos europeos fueron perversas), todo lo contrario, el mundo entero tiene que agradecer a Europa y especialmente a España su obra civilizadora.

Por estas razones y otras muchas, decidí volcar al papel estas reflexiones y embarcarme en este viaje de arena gruesa, harto de tener que soportar un relato dirigido a denostar a los "españoles peninsulares" y a los "españoles atlánticos".

CAPÍTULO 3

Rumbo al nuevo mundo

Una de las consecuencias inmediatas de la Reconquista, acción épica de una civilización durante ocho siglos para expulsar de Europa al invasor musulmán, fue el descubrimiento, conquista, acción civilizadora y evangelización del mundo desconocido hasta ese momento.

En el siglo VII Covadonga, en el XIII Navas de Tolosa y en el XVI Lepanto (pese a la traición de Francisco I Rey de Francia, aliándose al turco), son algunos de los hitos gloriosos de nuestra historia que ni siquiera la leyenda negra puede opacar.

Esta obra civilizadora no sólo se trató de heroicas batallas, fue también producto de, las universidades españolas, (las de la península como Salamanca y en América San Marcos en Perú, Santo Tomás de Aquino en Dominicana y la Pontificia en México), del testamento de Isabel la Católica, de las actuaciones de Carlos V y Felipe II, pero principalmente del espíritu y bravía de los peninsulares, que eligieron sumergirse en lo desconocido para moldear un nuevo mundo.

Lamentablemente el brillante panorama universitario del nuevo mundo, se derrumbó gracias a las corruptas prácticas de las universidades norteamericanas, que empezaron encubriendo falsos estudiantes, que querían evitar el llamado a filas (siguiendo el ejemplo de varias iglesias protestantes), a cambio de generosas donaciones y finalizaron estableciendo un pensamiento único, políticamente correcto, defensor de grandes aberraciones, que se extendió por todo el continente europeo fusionado con la Escuela de Frankfurt.

Dentro de esos "españoles peninsulares" que llegaron al nuevo mundo, encuentro a varios de mis ancestros directos, sobre los cuales me referiré en el capítulo 5, ellos sumaron sus esfuerzos a los de otros miles, para brindar tres siglos de progreso y transformación, hasta que llegado el siglo XIX donde la invasión napoleónica, la decadente monarquía, la corrupción de algunos funcionarios de las indias, y principalmente el plan elaborado por Inglaterra, culminaron con una asonada de almaceneros disfrazada de revolución, germen de la división de los virreinatos, transformándolas en débiles repúblicas, muy soberanas pero muy inútiles.

Inglaterra llevó una política de ultramar dando patente de corso a delincuentes y privatizando los territorios ocupados. La armada británica parcialmente privatizada, recorría el mundo como policía protectora de sus empresarios, previo pago del correspondiente impuesto por supuesto, llegando a la desfachatez de nombrar un país africano con el apellido del empresario que ocupó su territorio.

Las invasiones inglesas al Rio de la Plata fueron las semillas de insurrección que germinaron y provocaron la atomización del Virreinato del Rio de la Plata, en débiles repúblicas, en las cuales uno de mis ancestros, Gabriel Real de Azúa Garrastazú, Alférez Real del Ayuntamiento de Buenos Aires, financió con su patrimonio la resistencia y la expulsión de un ejército privado, que portaba la bandera británica.

Insistiendo, por si alguno todavía no lo entendió, nunca fuimos colonias como las británicas, las francesas, las belgas, fuimos reinos de ultramar de "Las Españas", siendo parte del imperio más grande de la historia.

Los "Nuevos Madrileños" traemos en nuestro equipaje el espíritu de Blas de Lezo, de Fray Junípero Serra, de Juan Sebastián Elcano, de Juan Rodríguez Cabrillo y de Andrés de Urdaneta entre otros, volvemos a la "Madre Patria", para que como buena madre cure nuestras heridas, y poder recostarnos en su regazo, pero también venimos a poner orden.

Durante los últimos veinte años, la cómoda y aburguesada península perdió su rumbo, luego de exportar a América la semilla del comunismo y sembrarlo en el fértil campo del narcotráfico, conducido por el Foro de Sao Paulo, el Grupo de Puebla y los Zapateros, los Iglesias los Laclau y unos cuantos "monederos" de ocasión, sintieron que el proyecto de un cambio de régimen en España estaba "maduro" y con la financiación de los mismos yihadistas que volaron la Amia y la Embajada de Israel el Buenos Aires, han formado un gobierno encabezado (no liderado) por el Partido Socialista Obrero Español.

Los que "venimos del futuro", vamos para ayudar a "poner orden", no por que seamos mejores o iluminados, sino porque lo que está ocurriendo en España ya lo vivimos y principalmente lo sufrimos, debiendo aprender muchas cosas sobre lo cotidiano en la península y enseñar sobre los matices de las tierras que nos vieron nacer, preocupados por algunas simplificaciones que hace principalmente la prensa sobre movimientos históricos, confundidos por las mentiras de algunos personajes, dejando como adelanto que la banda de los K aunque canten "la marchita" no tienen nada que ver con el peronismo, pero ese es tema para otro momento.

Vivimos y sufrimos la inflación, los populismos, los golpes de estado y principalmente la "pérdida de libertad", por ello el proyecto de Isabel Diaz Ayuso y el Partido Popular de Madrid nos ilusiona con su lema "comunismo o libertad" porque hemos cruzado el océano en búsqueda de libertad.

Todos los temas sobre los que reflexionamos en estas líneas, no aparecieron por generación espontánea, son el resultado de múltiples causas, que exceden completamente este trabajo, sin embargo, hay un hilo conductor imprescindible, para que el espíritu que hoy hacemos gala los Nuevos Madrileños fuera como es, ese hilo conductor es la estructura administrativa diseñado por la Corona Española para gobernar sus territorios de ultramar, los Virreinatos y las Provincias.

LOS VIRREINATOS

Como aseveramos anteriormente, nunca fuimos colonias, fuimos parte del Reino de España bajo la figura jurídica y política de Virreinatos y Provincias, con los mismos derechos y obligaciones que los peninsulares en su esencia medular, con algunos matices por supuesto.

Esos virreinatos fueron 1) Virreinato de las Indias creado en 1492 por las Capitulaciones de Santa Fe a la horma de las exigencias de Colon, transformándose en 1535 en el 2) Virreinato de Nueva España cuyo territorio llegaba a la actual Alaska e incluía las Islas Filipinas, 3) Virreinato del Perú creado en 1542, comprendiendo casi toda Sudamérica, excepto los dominios portugueses y los tardíos 4) Virreinato de Nueva Granada creado en 1717 y el último 5) Virreinato del Río de la Plata nacido en 1776.

En Europa durante los siglos XVI y XVII existieron 10 Virreinatos, 1) Virreinato de Galicia, 2) Virreinato de Aragón, 3) Virreinato de Cataluña, 4) Virreinato de Valencia,

5) Virreinato de Mallorca, 6) Virreinato de Navarra, 7) Virreinato de Portugal,

8) Virreinato de Sicilia, 9) Virreinato de Cerdeña y 10) Virreinato de Nápoles, demostrando la igualdad jurídica entre los americanos y los europeos.

LAS PROVINCIAS

América llegó a tener hasta 83 provincias españolas en similares condiciones que las peninsulares, que sus propios nombres hablan de su españolidad, muchas de ellas usurpadas por Estados Unidos al México independiente y otras directamente a España en 1898.

El concepto de provincia en América tuvo una cierta ambigüedad, confundiéndose en algunos casos con gobernaciones y en otros con las intendencias.

En el Virreinato de Nueva España las provincias fueron: Nueva California, Vieja California, Nuevo México, Nueva Navarra, Nueva Vizcaya, Nueva Extremadura, Nueva Filipinas, Nuevo Santander, Nuevo León, Zacatecas, San Luis de Potosí, Nueva Galicia, Guanajato, Valladolid, México, Puebla, Veracruz, Oaxaca, Yucatán, Guatemala, Comayagua, San Salvador, Nicaragua, Costa Rica , Luisiana, Florida, Occidente, Oriente, Cibao, Ozama y Puerto Rico.

En el Virreinato de Nueva Granada: Veragua, Panamá, Riohacha, Santa Marta, Cartagena, Antioquia, Chocó, Pamplona, Socorro, Tunja, Casanare, Santa Fe, Mariquita, Neiva, Popayán, Maracaibo, Barinas, Caracas, Cumaná, Margarita, Trinidad, Guayana, Quito, Jaén, Guayaquil, Cuenca y Loja.

En el Virreinato del Perú: Maynas, Trujillo, Tarma, Lima, Huancavelica, Huamanga, Cuzco, Puno, Arequipa, Santiago, Concepción y Chiloé.

En el Virreinato del Rio de la Plata: La Paz, Mojos, Chiquitos, Cochabamba, Charcas, Potosí, Salta, Córdoba, Buenos Aires, Paraguay, Misiones, Montevideo y Malvinas.

LA CONSTITUCIÓN DE 1812

La Constitución de 1812 con sus matices, su corta duración y pese al momento dramático en que nació, marcó con sus creadores y sus definiciones, un hito que debemos rescatar.

En primer lugar, recordamos que 20 provincias americanas presentaron dictamen que fue aprobado por Las Cortes: Nueva España, Provincias Internas Orientales, Provincias Internas Occidentales, San Luis de Potosí, Nueva Galicia, Yucatán, Guatemala, Nicaragua y Costa Rica, Cuba y Las Floridas, Cuba, Puerto Rico, Santo Domingo, Venezuela, Nueva Granada, Quito, Lima, Cuzco, Chile, Rio de la Plata y Charcas.

Este dictamen tuvo como trasfondo los sentimientos encontrados entre los americanos el de consolidar su pertenencia a la Corona Española o el de apoyar los movimientos independentistas promovidos por Inglaterra. En ambos bandos encontramos tanto criollos como peninsulares demostrando que los movimientos independentistas eran en el fondo motivados por intereses económicos y no identitarios.

El texto es suficientemente claro en su concepción sobre la naturaleza de España,

En su Artículo 1:

"La Nación española es la reunión de todos los españoles de ambos hemisferios".

En su Artículo 5:

"Son Españoles:

1. Todos los hombres libres nacidos y avecindados en los dominios de las Españas, y los hijos de estos.

2. Los extranjeros que hayan obtenido de las Cortes carta de naturaleza.

3. Los que sin ella lleven diez años de vecindad, ganada según la ley, en cualquier pueblo de la Monarquía.

4. Los libertos desde que adquieran la libertad de las Españas".

Y en su Artículo 10:

"El territorio español comprehende en la Península, con sus posesiones e islas adyacentes, Aragón, Asturias, Castilla la Vieja, Cataluña, Córdoba, Extremadura, Galicia, Granada, Jaén, León, Molina, Murcia, Navarra, Provincias Vascongadas, Sevilla y Valencia, las islas Baleares y las Canarias, con las demás posesiones de África. En la América septentrional, Nueva España, con la Nueva Galicia y península de Yucatán, Guatemala, provincias internas de Oriente, provincias internas de Occidente, Isla de Cuba, con las dos Floridas, la parte española de la isla de Cuba, con las dos Floridas, la parte española de la Isla de Santo Domingo y la Isla de Puerto Rico, con las demás adyacentes a estas y al continente en uno y otro mar. En la América meridional, la Nueva Granada, Venezuela, el Perú, Chile, provincias del Rio de la Plata, y todas las islas adyacentes en el mar Pacífico y en el Atlántico. En el Asia, las Islas Filipinas y las que dependen de su gobierno".

No hay ninguna duda sobre que la Constitución de Cádiz no está vigente, e incluso su período de vigencia es muy controvertido, pero es el reflejo de una realidad incontestable: todos somos españoles, tanto los peninsulares como los atlánticos.

LLEGÓ EL SIGLO XX

Los siglos XV, XVI y XVII fueron los del descubrimiento, la conquista, la acción civilizadora y la evangelización; el siglo XVIII el de la consolidación, siendo el origen de las Provincias Unidas del Rio de la Plata donde nacimos, territorio vacío, prácticamente sin poblaciones originarias (a diferencia de los otros virreinatos donde se fundieron razas formando una nueva civilización) y con escaza presencia de esclavos africanos, siendo poblado por olas inmigratorias europeas, principalmente provenientes de la península Ibérica y de Italia; el siglo XIX estuvo condicionado por la invasión napoleónica a la península, la acción política de Inglaterra y la política expansionista de EEUU.

Finalmente, en el siglo XX los inmigrantes a diferencia de los peninsulares de los siglos anteriores fueron por razones económicas, huyendo de la pobreza europea y razones políticas, producto de guerras mundiales, guerras civiles y dictaduras de varios signos ideológicos, siendo Argentina, Uruguay, Chile, Cuba, Venezuela y México el principal destino elegido.

En el caso del Rio de la Plata la inmigración más numerosa fue la gallega, la canaria y la italiana, esta última sobre todo en Argentina.

Siempre afirmo que la ciudad de Buenos Aires es la provincia gallega con más habitantes, con los 350.000 socios del Centro Gallego porteño y en Montevideo para no ser menos, encontramos el primer Centro Gallego que se fundó en el mundo fuera de España. En ambas ciudades tuve el honor y el placer de conocer personalmente a Don Manuel Fraga Iribarne, compartiendo actos y veladas inolvidables, disfrutando de su incomparable humor gallego.

CAPÍTULO 4

La leyenda Negra

La llamada "leyenda negra" es una de las hipotecas más grandes e injustas que cargan sobre sus espaldas "las españas", con Inglaterra, Holanda, Estados Unidos y los países protestantes del norte de Europa como ideólogos, difusores y partícipes necesarios, por ello me merece una mención especial en este trabajo.

Los que perdieron en los campos de batalla, encontraron en la publicidad, la difamación y las mentiras repetidas hasta el cansancio durante cuatro siglos una forma de reescribir la historia.

La leyenda negra utilizó como sustento la obra de Fray Bartolomé de las Casas "Brevísima relación de la destrucción de las indias", personaje enemistado con mi familia a la cual odió y difamó.

Fray Bartolomé de las Casas fue originariamente encomendero, con pésimos resultados económicos en su explotación por lo cual decidió refugiarse en una orden religiosa.

Su experiencia en las indias es casi nula y sus descripciones no se condicen con la realidad, brindando cifras absurdas de muertes, atribuyendo a los conquistadores males que en realidad provenían de la propia naturaleza.

Con la llegada de los españoles en 1492 y la progresión geométrica de viajes que se sucedieron transportando personas, animales y vegetales de un continente muy comunicado con otras tierras como lo era Europa al inicio del Renacimiento, donde se habían generado determinados equilibrios y ciertas inmunidades a varias de las pestes que los habían asolado, con otro continente prácticamente aislado dotado de un microclima muy especial, produjo dramáticos cambios ambientales y un intercambio de enfermedades en uno y otro sentido, muchas de las cuales los habitantes del nuevo mundo no tenían inmunización alguna, generando numerosas muertes en algunos casos por simples resfríos inofensivos para los europeos.

A las personas, animales y plantas que cruzaron el océano Atlántico en ambos sentidos, los acompañaron virus, bacterias y toda clase de enfermedades desconocidas en uno y otro continente, esto, sumado al cambio en las respectivas dietas por el descubrimiento de nuevos alimentos, provocó quizás el cambio más dramático, en todos los sentidos, de la historia, provocando que el mundo no volvió a ser el mismo.

El primero de mis ancestros directos que llegó a América fue Francisco Roldán Ximenez, haciéndolo en el segundo viaje de Colón; fue el primer encomendero, Alcalde de Isabela, figura rebelde y controvertida, liderando la primera revolución en el nuevo mundo, al sublevarse frente a los hermanos Colón, estableciendo la primera alianza entre españoles y los habitantes de las islas recién descubiertas con el objetivo de reivindicar sus derechos avasallados.

Fray Bartolomé lo tomó como blanco de sus ataques, mostrándolo como arquetipo de la maldad española con los indios, acusaciones que formaban parte de un plan mayor, armado por las potencias enemigas de España para defender sus intereses.

El fraile, fue o cómplice o idiota útil, del inicio de la criminal trata de esclavos africanos en América, para remplazar la mano de obra local por otra más barata y sin ningún tipo de derechos como los que tenían los indios, la Monarquía Española había ido demasiado lejos en cuanto a los derechos otorgados a los indios, al considerarlos en un estatus que ponía el riesgo el negocio de muchos. Esta situación la provocaron los ingleses, holandeses y portugueses, crimen que España lamentablemente permitió.

Los ingredientes de la leyenda negra, que provocaron el desprestigio internacional y los complejos internos en España fueron muy variados, la Inquisición Española, la última y más benigna de Europa fue ridiculizada y falseadas sus circunstancias, los conquistadores españoles, los curas españoles, los gobernantes españoles eran calificados de perversos y demoníacos por los ingleses y holandeses que al mismo tiempo quemaban vivas a mujeres acusándolas de brujas y asesinaban a los indios en sus colonias o los reducían a reservaciones indignas y se asociaban con tribus africanas que sometían a otras tribus más débiles, capturándolos y llevándolos a las costas africanas para entregarlo a los europeos que los embarcaban rumbo a América .

Con el paso de los años, Estados Unidos tomó la posta en continuar difundiendo la leyenda negra; empezaron volando el Maine, burda treta para invadir Cuba y se perfeccionaron con el cine, llevando a todas las pantallas del mundo a galanes con jopo tipo Errol Flynn, que enfrentaban la maldad y la impericia de los españoles.

La última etapa de la leyenda negra la está viviendo en estos mismos momentos varios países suramericanos, con la nueva versión del comunismo "el indigenismo". La fórmula es muy sencilla, sólo hay que mezclar la doctrina marxista con: reivindicación de los pueblos originarios, odio a Iglesia Católica, narcotraficantes, destrucción de la familia como base del estado, eco terrorismo, lucha de sexos, fundamentalismo islámico, ejemplo de ello Evo Morales, Maduro, Petro, Boris, Ortega, Amlo y los K que en su cruzada contra el occidente cristiano se han llevado puesto a la economía y las libertades individuales de sus respectivos países, poniendo como excusa y bandera lo malo que fueron los españoles y la Iglesia Católica debiendo pedirles perdón por la conducta de nuestros ancestros, siendo lo más triste que algunos líderes mundiales por su cobardía y por querer aparentar que son políticamente correctos, entraron el juego y les pidieron perdón por esas falsas y perversas acusaciones.

CAPÍTULO 5

Mis ancestros

A esta altura de mi desembarco en la península, quiero recordar a algunos de mis ancestros directos que participaron con luces y sombras de la gesta del Imperio Español en América, comenzando por Francisco Roldán Ximenez que ya mencioné en el capítulo anterior, casado con Juana Blázquez Dávila y Ahumada.

Su hijo Juan de Roldán Dávila, Conquistador del Perú, casado con Leonor Fernández de la Reguera y Jiménez de Godoy mi ancestro directo en undécima generación comenzó el descenso de la familia al sur, culminado con nuevos aportes de llegados de la península en el siglo XVIII, en el Rio de la Plata.

Mientras tanto en Hernán Cortes de Monroy Pizarro casado por tercera vez con Juana Ramírez de Arellano y Zúñiga, mi ancestro directo en décima generación, realizaba su épica conquista, siendo el hacedor del nacimiento de la nación mejicana, comparado por su estrategia militar y política con Julio Cesar.

Cinco generaciones después el descendiente de directo de Hernán Cortes y Juana Ramírez de Arellano, Fernando Cortes y Santa Felices se casó con la descendiente directa de Francisco Roldán Ximenez y Juana Blázquez Dávila y Ahumada, Catalina de Cartavio y Roldán Dávila, uniendo las dos familias de descubridores y conquistadores. Su hija María del Carmen Cortes y Santa Felices se casó con Simón Lavalle San Martin y de la Cuadra, de los cuales soy descendiente directo en sexta generación.

A fines del siglo XVIII, llegaron los Real de Azúa, mi segundo apellido, directamente al Rio de la Plata, con Gabriel Real de Azúa Garrastazú, el cual mencioné en el capítulo 3, casándose con María Encarnación Cires y Cruz. Su hijo Exequiel María Real de Azúa se casó con María de las Mercedes Lavalle y González Bordallo, hija de Manuel José Bonifacio

Lavalle y Mercedes González Bordallo y Ross, y nieta de Simón Lavalle San Martin y de la Cuadra que menciono en el párrafo anterior, de los cuales soy tataranieto.

CAPÍTULO 6

El proyecto ilusionante

La preocupante situación de España en el año 2022 provocada por las decisiones de su gobierno, que ya cansa enumerar, por el cúmulo de despropósitos, traiciones y mentiras, tiene una esperanza en el proyecto ilusionante de libertad para los "Nuevos Madrileños" propuesto por Isabel Díaz Ayuso y el Partido Popular de Madrid.

Para finalizar estas reflexiones, quiero compartir algunas notas que escribí sobre Madrid durante la pandemia, publicadas bajo los títulos:

"El principio del fin del imperio turístico español, la debacle del turismo español vista por un corresponsal rioplatense" Amazon, segunda edición, enero 2012.

"2020 The decline and fall of the hispanic tourist empire" Amazon, primera edición, diciembre de 2020.

"2021 el año que perdimos contacto con el turismo tal cual lo conocimos" Amazon segunda edición septiembre 2022.

"OMT Under Attack, crónica de un ataque al turismo" Amazon primera edición diciembre 2021.

En ellas rescato las razones de mi amor por Madrid y asimismo algunas cosas que nos duelen a los nuevos madrileños, pero la realidad tiene siempre distintas caras, una buenas otras malas.

ENTREMOS EN LA FAENA

¿QUÉ ES MADRID?

En una presentación en FITUR Isabel Díaz Ayuso a la pregunta retórica ¿Qué es Madrid?, respondió:

5. En Madrid está el sueño europeo (Financial Times).

6. Madrid una forma de vivir que enamora a viajeros, artistas, estudiantes y empresarios.

7. Madrid son parques y plazas con historia, tabernas castizas y tiendas con solera.

8. Madrid son congresos internacionales.

9. Madrid es FITUR.

10. Madrid es veterana y moderna al mismo tiempo, espontánea, sofisticada y cosmopolita.

11. En Madrid se puede ser muchas cosas y se pueden hacer muchas cosas a la vez.

12. Madrid es el cuarto mejor destino turístico urbano del mundo.

13. Madrid son 179 municipios llenos de patrimonio, de vida, de naturaleza.

14. Madrid son los reales sitios El Escorial, Aranjuez, Alcalá de Henares, Cervantes.

15. Madrid tiene la mejor oferta gastronómica y la lengua de todos, el español.

16. Madrid es el lugar que nunca cierra, y es mucho más, somos una forma de entender la vida.

17. Madrid son rascacielos, los espectáculos de la Gran Vía, son los pueblos de la sierra, los pantanos y las sorprendentes bodegas.

18. Madrid es donde se cruzan los caminos, somos el puente entre Europa e Iberoamérica.

19. Madrid es el Teatro Real, el mejor teatro de ópera del mundo durante la pandemia.

20. Madrid es el WiZink Center, el recinto de espectáculos que más entradas vendió en toda Europa el año 2021.

21. Madrid, primer destino hotelero español durante la pandemia.

22. Madrid es la nueva Milla de Oro de la hotelería 5 estrellas en Europa.

23. Madrid es la segunda mejor ciudad para ir de compras de toda Europa.

24. Madrid es el primer destino de inversión en España.

25. Madrid es la tercera ciudad de Europa más atractiva para los negocios.

26. Madrid es la sexta ciudad europea con mayor densidad de startups.

27. Madrid es la cuarta ciudad más innovadora de Europa.

28. Madrid es la primera ciudad de Europa en Congresos y Ferias Internacionales.

29. Madrid con los estadios de fútbol Santiago Bernabéu y Civitas Metropolitano, lidera en el mundo las macro instalaciones para espectáculos masivos.

30. Madrid es la ciudad del mundo que ganó más copas de la Champions League.

31. Madrid es el mayor destino cultural, somos la cuna del Siglo de Oro, sede de la corte de la monarquía hispánica.

32. Madrid es el Prado y sus Meninas en esa milla de oro de los museos.

33. Madrid es la danza española, la capital de los tablones flamencos.

34. Madrid es la tercera capital del mundo en espectáculos musicales.

35. Madrid es uno de los principales destinos del mundo con las mayores productoras audiovisuales.

36. Madrid es el primer lugar de Europa con más actividad musical y de concierto.

37. Madrid es "Las Ventas", el templo del toreo.

38. Madrid es el centro mayor del planeta que cuenta en un radio de 100 km con tanto patrimonio histórico artístico arquitectónico, artes escénicas y oferta cultural.

39. Madrid son 5 patrimonios de la humanidad, el Monasterio del Escorial, el recinto histórico de Alcalá de Henares, el paisaje cultural de Aranjuez, el Paisaje de la Luz del Eje Retiro Prado Recoletos.

40. Madrid es el puerto de desembarco de nuevos cocineros, nuevos restaurantes y nuevas estrellas Michelin.

41. Madrid es un increíble ecosistema gastronómico que estamos disfrutando.

42. Madrid enamora a las personas que la visitan cada año por nuestra forma de vivir.

43. Madrid tiene el mejor estilo de vida del mundo, una región donde se pelea mucho y se aporta muchísimo esfuerzo e ilusión a partes iguales.

44. Madrid nos regala libertad oportunidades y un carácter propio muy nuestro, que no existe en otro lugar del mundo.

45. Madrid dispone de los mejores transportes públicos del mundo.

46. Madrid tiene la mayor esperanza de vida de Europa.

47. Madrid está en los mayores niveles de seguridad y de bienestar del mundo.

48. Madrid comparte su lengua con casi 600 millones de personas.

49. Madrid es una de las metrópolis más influyentes del planeta.

50. Madrid es la Rosa de los vientos, al lugar al que siempre llegas y desde que puedes partir a cualquier rincón.

Estos conceptos son lo suficientemente claros, no necesitando ningún agregado, por ello continuo con algunas de mis notas sobre Madrid, las esperanzadoras y las preocupantes.

RACISMO E IMPUNIDAD EN MADRID, FÓRMULA PELIGROSA

MADRID 14 DE SEPTIEMBRE DE 2020

Este fin de semana los principales diarios españoles traían en sus ediciones web una noticia muy preocupante, elegí la del ABC, pero todos coinciden casi textualmente:

"Agresión racista en el Metro: escupen e insultan a una pareja al grito de «¡Panchito de mierda!». "Una grabación refleja cómo les reprenden por ser latinos y les amenazan con golpearles: «¡Eres producto de un condón roto!»"

"Una grabación realizada en el Metro de Madrid refleja una agresión racista en la que tres chicas escupen e insultan a una pareja que viajaba en el mismo vagón que ellas. En las imágenes, difundidas en Twitter y replicadas ya por varias televisiones, se aprecia cómo una de las muchachas grita: «¡Eres producto de un condón roto, panchito de mierda!», en referencia a su origen latinoamericano."

"El suceso ha ocurrido en la línea 4 del suburbano y las agresoras, además, insultan a la persona que las está grabando: «Grábame, pedazo de puta. Te voy a dar una hostia y te voy a romper el móvil». Todo esto en un ambiente de máxima tensión en el que nadie ajeno a la conversación se atreve a intervenir y que se extiende durante varios minutos."

El texto, venía acompañado de un desagradable video de 2,15 minutos, tomado por una temerosa pasajera la cual, tuvo el coraje de grabarlo y publicarlo en las redes, lo que generó la intervención de las autoridades del Metro, Policía Nacional, Fiscalía y Juzgado de Menores, afirmando las últimas noticias que las jóvenes están identificadas y detenidas.

Hasta aquí, un feo episodio policial, que relatamos para poner en contexto nuestra reflexión, pero que no trataremos, pues no es nuestra especialidad.

Vayamos al fondo del problema, España es un país visitado por más de 80 millones de personas por año por sus múltiples atractivos y por su gente, siendo una sociedad tolerante, abierta, multi racial, que supo vencer sus fantasmas y sus miserias y creó con la Constitución del 78 un estado de bienestar líder en el mundo.

El turismo representa para España no solamente el 13% de su PIB sino el pilar fundamental de su economía y de su concordia social.

Al turismo que se encuentra en una crisis sin paragón, flaco favor le hace que los españoles nos mostremos intolerantes con los extranjeros, con la agresividad de este episodio.

La sociedad española no es como estas jóvenes y muy lejos está de ello, pero esto no significa, que no estamos ante un peligroso antecedente, que de no tomarlo en serio y actuar en consecuencia puede volver a repetirse.

En realidad, estas jóvenes (15 y 16 años) si bien son responsables de sus actos, no las podemos criminalizar, pues son producto de un caldo de cultivo alentado por un sector del gobierno, son responsables y víctimas al mismo tiempo de un estado de intolerancia que nos empieza a invadir.

En la ya famosa manifestación del 8M el canto que la presidía era: "sola y borracha quiero volver a casa", coreado por los organizadores de la marcha, simples manifestantes y autoridades del gobierno. Esta posición, es una más en el avance de una concepción (amparada parcialmente por la ley española en estos momentos) que, por la legítima e imprescindible defensa de los derechos de la mujer, esta pueda hacer cualquier cosa, inclusive infringir la ley, sin ningún tipo de consecuencia personal.

Estas chicas, pertenecientes a una generación con muchos derechos y ningún deber ni responsabilidad de sus actos, han sido educadas con padres cómodos, ausentes y permisivos, que fueron remplazados por las redes sociales y las plataformas de series llenas de violencia e impunidad, donde también les inculcaron que, por ser menores de edad, pueden cometer cualquier desatino sin ninguna consecuencia, cuestión esta que en algunos casos es alentada por autoridades y referentes mediáticos de la sociedad.

LA CONSTITUCIÓN DE 1812

La Constitución de 1812 con sus matices, su corta duración y pese al momento dramático en que nació, marcó con sus creadores y sus definiciones, un hito que debemos rescatar.

En primer lugar, recordamos que 20 provincias americanas presentaron dictamen que fue aprobado por Las Cortes: Nueva España, Provincias Internas Orientales, Provincias Internas Occidentales, San Luis de Potosí, Nueva Galicia, Yucatán, Guatemala, Nicaragua y Costa Rica, Cuba y Las Floridas, Cuba, Puerto Rico, Santo Domingo, Venezuela, Nueva Granada, Quito, Lima, Cuzco, Chile, Rio de la Plata y Charcas.

Este dictamen tuvo como trasfondo los sentimientos encontrados entre los americanos el de consolidar su pertenencia a la Corona Española o el de apoyar los movimientos independentistas promovidos por Inglaterra. En ambos bandos encontramos tanto criollos como peninsulares demostrando que los movimientos independentistas eran en el fondo motivados por intereses económicos y no identitarios.

El texto es suficientemente claro en su concepción sobre la naturaleza de España,

En su Artículo 1:

"La Nación española es la reunión de todos los españoles de ambos hemisferios".

En su Artículo 5:

"Son Españoles:

1. Todos los hombres libres nacidos y avecindados en los dominios de las Españas, y los hijos de estos.

2. Los extranjeros que hayan obtenido de las Cortes carta de naturaleza.

LAS PROVINCIAS

América llegó a tener hasta 83 provincias españolas en similares condiciones que las peninsulares, que sus propios nombres hablan de su españolidad, muchas de ellas usurpadas por Estados Unidos al México independiente y otras directamente a España en 1898.

El concepto de provincia en América tuvo una cierta ambigüedad, confundiéndose en algunos casos con gobernaciones y en otros con las intendencias.

En el Virreinato de Nueva España las provincias fueron: Nueva California, Vieja California, Nuevo México, Nueva Navarra, Nueva Vizcaya, Nueva Extremadura, Nueva Filipinas, Nuevo Santander, Nuevo León, Zacatecas, San Luis de Potosí, Nueva Galicia, Guanajato, Valladolid, México, Puebla, Veracruz, Oaxaca, Yucatán, Guatemala, Comayagua, San Salvador, Nicaragua, Costa Rica , Luisiana, Florida, Occidente, Oriente, Cibao, Ozama y Puerto Rico.

En el Virreinato de Nueva Granada: Veragua, Panamá, Riohacha, Santa Marta, Cartagena, Antioquia, Chocó, Pamplona, Socorro, Tunja, Casanare, Santa Fe, Mariquita, Neiva, Popayán, Maracaibo, Barinas, Caracas, Cumaná, Margarita, Trinidad, Guayana, Quito, Jaén, Guayaquil, Cuenca y Loja.

En el Virreinato del Perú: Maynas, Trujillo, Tarma, Lima, Huancavelica, Huamanga, Cuzco, Puno, Arequipa, Santiago, Concepción y Chiloé.

En el Virreinato del Rio de la Plata: La Paz, Mojos, Chiquitos, Cochabamba, Charcas, Potosí, Salta, Córdoba, Buenos Aires, Paraguay, Misiones, Montevideo y Malvinas.

Este hecho ocurrido en el Metro de Madrid lo veo más como un tema de inconducta social que, como una manifestación de racismo pura y dura, no puedo creer que unas jóvenes de 15 años en Madrid puedan ser visceralmente racistas, salvo que en su casa se lo hayan inculcado.

Aquí llega el tema de la responsabilidad de los padres, porqué sus hijas menores de edad actúan de esa forma, tema al que debieran dar explicaciones, lo mismo que los responsables del establecimiento donde injirieron el alcohol, si es que lo hicieron, a no ser que su estado natural sea el que mostraron en ese vagón de Metro.

España es una gran casa que subsiste económicamente de personas de todo el mundo de las diversas nacionalidades, razas y religiones, donde el racismo y/o la agresividad para con ellos, no sólo es un delito y moralmente execrable, sino que, pensando con el bolsillo, es un "mal negocio".

MADRID LA NUEVA TROYA DEL AÑO 2020

MADRID 12 DE OCTUBRE DE 2020

En el siglo XIX, para ser más concreto en 1850, Alejandro Dumas escribió en Paris un libro con el título "Montevideo o una nueva Troya", con una dedicatoria a los "Heroicos Defensores de Montevideo".

En el libro, se describe a la ciudad de Montevideo, como un refugio de la libertad, acosada y sitiada durante siete años, encontrando por su heroica resistencia un paralelismo con la mítica Troya; a partir de ese libro durante muchos años se denominó a Montevideo con el título de "La Nueva Troya".

Este 12 de octubre "Fiesta Nacional de España" y día de la Virgen del Pilar, Patrona de la Guardia Civil, es un momento en que Madrid está asediada, confinada y en "estado de emergencia" por obra de un gobierno que, según los observadores internacionales, empieza a tener tintes totalitarios y se está convirtiendo cada día más en un ejecutor de los dictados de un vicepresidente, que se lo vincula ideológica y financieramente con una dictadura caribeña y el fundamentalismo chiita de Terán.

Los madrileños han sido acusados por el Ministerio de Sanidad de ser vectores, de un posible contagio de la pandemia al resto de los españoles. Se cierra Madrid para evitar que sus residentes circulen libremente por el país "contagiando", en uno de los puentes (feriado) más importantes del año, dándole con ello un golpe mortal al turismo español y de seguir esta situación, estaríamos en la antesala del fin del turismo con la consiguiente quiebra de la economía española.

De ser uno de los principales destinos turísticos del mundo, ha pasado por obra y gracia de la lucha ideológica del gobierno, a convertirse en una suerte de lazareto donde nos encierran cual leprosos o tuberculosos del medioevo.

Quien va a querer venir a Madrid, después de oír los calificativos vertidos por el presidente y sus ministros respecto a las condiciones sanitarias. Se ha dado un golpe de gracia al turismo español con excusas sanitarias falsas, tomando datos de la semana anterior ya superados, para justificar la medida de confinamiento.

Todo esto nos trae a la memoria la obra de Alejandro Dumas y nos tienta en denominar esta realidad con un nuevo título, que podría ser "Madrid o una nueva Troya" y dedicárselo a los "Heroicos Defensores de Madrid".

MADRID ES UNA FIESTA

MADRID 5 DE ABRIL DE 2021

Cuando era joven había una frase que se repetía permanentemente en mi hogar: "Paris era una fiesta", la misma provenía del título de una novela autobiográfica de Ernest Hemingway, donde revivía sus años juveniles en la llamada ciudad luz, donde daba sus primeros pasos como periodista y escritor con el condicionamiento de la pobreza y el hambre, pero lo que queda en la memoria, son palabras aisladas: "Paris", "fiesta" y "era". Se desprende como lapidaria la palabra "era", denunciando quizás, la realidad de algo que fue, y ya no lo es.

El hombre que sabía por quién doblaban las campanas, nos dejó un pequeño texto, que año a año copio en mi compañera Moleskine, para recurrir a él en muchos momentos, que nos dice:

> *"Cuando uno ha podido tener El Prado y al mismo tiempo El Escorial, situado a dos horas al norte y Toledo al sur y un hermoso camino a Ávila y otro bello camino a Segovia, que no está lejos de La Granja, se siente dominado por la desesperación al pensar que un día habrá de morir y decirle adiós a todo aquello".*

Hemingway amaba España, amaba los toros y amaba Madrid y este texto no sólo demuestra su amor por Madrid, sino que desplaza el eje de su angustia existencial del "no ser" al "decirle adiós a Madrid".

En 2021, en medio de dos calamidades, una vírica y otra política, que nos han sumido en una crisis sanitaria, económica y social sin parangón, España tiene una plaza fuerte que resiste y se llama Madrid que, pese a sufrir un ataque despiadado del gobierno nacional y sus usinas mediáticas es hoy un fenómeno único en occidente.

Con los mejores estándares de seguridad sanitaria, los bares, restaurantes, museos, teatros y comercios funcionan normalmente, siendo la única economía que crece dentro de la catastrófica situación de las comunidades autónomas, a las que nos ha sumido el gobierno comunista establecido en la Moncloa.

Las 7.000 terrazas habilitadas en Madrid son la envidia de toda Europa y con la llegada de la primavera mostrarán todo su esplendor, mostrando al mundo que se puede combatir la pandemia eficientemente sin necesidad de secuestrar a la población e impedirle sus actividades lúdicas.

Las afueras de la capital de España que forman parte de la "Comunidad de Madrid" comparten gracias a las políticas implementadas, no sólo una verdadera normalidad no esa chapuza de "nueva normalidad" que nos quisieron vender antes del último verano, sino un esplendor inédito como nos cuenta el diario El Mundo por medio de Marta Gonzalez Hontoria:

> *"El turismo rural madrileño toca el cielo: 'Hemos tenido el mejor año de nuestra vida'. Encontrar estos días un alojamiento campestre dentro de la Comunidad de Madrid es misión imposible. La región lidera el ránking nacional de ocupación en turismo rural para esta Semana Santa. Al cierre perimetral de las comunidades vecinas se une el imperioso deseo escapista de los madrileños. Los hosteleros serranos, desbordados, desvelan el secreto de su éxito en tiempos de crisis.*
>
> ***La sierra de Madrid es el perfecto antídoto contra la pandemia y, vistos los cierres perimetrales que han truncado el puente de San José y la Semana Santa, es también la única fórmula posible para escaparse de la gran ciudad y plantarse en medio del bosque. Lo necesitamos. La prueba es que los alojamientos campestres en la comunidad, bálsamos de vida silvestre para millones de madrileños, están hasta la bandera. Según el análisis de Casarurales.net, la región lidera el ránking nacional con el 96,4% de ocupación en turismo rural para esta Semana Santa. Hasta abril está todo ocupado. 'Empieza a haber reservas para octubre' "***

Si pasamos del ambiente rural a la cultura los resultados también son espectaculares, nos cuenta la consejera Marta Rivera de la Cruz:

> *"Recuerdo los días que precedieron al 11 de marzo como una nebulosa de sensaciones terribles. Las memorias se*

amontonan, pero la frase del consejero de Sanidad se me quedó grabada. Aquella llamada era más que una recomendación o una orden: era admitir que Madrid se paraba, el cierre de los teatros suponía algo inédito, nunca en Madrid se habían silenciado las artes escénicas, incluso durante la Guerra Civil permanecieron abiertos algunos espacios referenciales...El teatro, las salas de conciertos, los cines, son el pulso de la vida de las ciudades, por eso, ordenar su cierre era el símbolo de la claudicación definitiva ante el desastre...

...Cerraron los teatros (y los auditorios y los museos y las bibliotecas) y empezó un viacrucis que duraría tres meses, aunque entonces nos consolábamos pensando que era cosa de unas semanas. Ahora me alegro de aquella mentira piadosa que nos contábamos a nosotros mismos: si en el momento de dar cerrojazo a la vida cultural hubiésemos sabido cuánto iba a durar el calvario, la poca moral que nos quedaba se habría hundido.

Aquella tarde del 11 de marzo la compañía francesa Le Mobile estaba montando su espectáculo en la Sala Roja del Canal. Decidimos seguir adelante con la función y celebrarla sin público, pero retransmitida vía streaming. Le Mobile actuó para un patio de butacas vacío y tenebroso, y al final de la representación sólo obtuvieron silencio.

Sin embargo, aquella noche supimos que hasta 8.000 personas se habían conectado a la representación. Diez veces más del aforo de la Sala Roja. Aquello nos hizo entender que había un interés real por los espectáculos en red y empezamos a preparar una programación con otras piezas en streaming. Evidentemente, nada sustituye la emoción del teatro, que es una experiencia compartida, pero las transmisiones online eran un mal menor. Mejor esto que nada, pensábamos. Así abrimos la Cuarta Sala de los Teatros del Canal.

Pero no era suficiente. Queríamos abrir el teatro y empezamos a preparar protocolos con la Consejería de Sanidad. Intentamos cotejarlos con otros teatros europeos, pero no había precedentes ni teatros abiertos en ninguna parte del mundo. Nos dejamos guiar por el sentido común y las manos sabias de la Dirección General de Salud Pública para apostar por el uso obligatorio de la mascarilla; la distancia entre asientos; las entradas y salidas ordenadas para evitar cualquier aglomeración; el empleo de geles hidroalcohólicos o la toma de temperatura. Y fijamos el 17 de junio como fecha para reabrir.

No todo el mundo lo entendió. Algunos empresarios, incluso otras administraciones, preferían que esperásemos a septiembre para abrir la temporada al mismo tiempo que el resto de espacios. No quisimos: un teatro público tiene que demostrar voluntad de servicio y ser un banco de pruebas para una situación excepcional. Si el plan no funcionaba, había que saberlo cuanto antes para hacer los cambios oportunos.

No podíamos llegar a septiembre con todos los teatros cerrados y pretender empezar la temporada envueltos en interrogantes. Recuerdo la discusión con la representante de un organismo público sobre la oportunidad de exigir mascarilla a los espectadores: «Es estigmatizante», decía. Ahora parece absurdo, pero hubo que defender muchas cosas que fueron cayendo por su propio peso.

La víspera de reapertura del Canal pasé la noche en vela. Lo que sucediese dependería de la reacción del público ante una nueva forma de acudir a los espectáculos, bajo estrictas medidas de control. ¿Y si la gente se negaba a esperar media hora en una cola? ¿Y si se retiraba la mascarilla? ¿Y si no quería aguardar el turno para salir de la sala y se apelotonaba en las puertas?

Pero el comportamiento de la gente fue extraordinario. Aquella tarde, el bailarín Israel Galván (que fue el primero en pisar el escenario tras el minuto de silencio en memoria de los fallecidos por la pandemia que la sala guardó en pie) me dijo: «Es como si tuviese una herida y hubiese empezado a curarme». Supongo que así nos sentíamos todos.

Lo mejor de aquel día fue comprobar que el público respondía y que estaba deseando volver a las salas. Compartimos nuestra experiencia con todos los espacios que lo solicitaron y animamos a otros teatros a regresar también. Desde la Consejería creamos un programa de patrocinios de dos millones de euros para incentivar las reaperturas. En otoño, 41 salas de teatro y diez de música en vivo volvían a programar temporada.

Desde entonces se ha mantenido un contacto constante con la Consejería de Sanidad para monitorizar posibles rebrotes asociados a las actividades culturales: en ocho meses no se ha detectado ninguno.

LOS TEATROS DE Madrid siguen abiertos, los públicos y los privados, los pequeños y los grandes, con un 75% de aforo máximo y la obligación de dejar una butaca vacía entre las personas que compran juntas su entrada, con mascarilla obligatoria, con gel hidroalcohólico e instrucciones rígidas para entrar y abandonar la sala. Llevo30 años yendo al teatro en Madrid y nunca había escuchado aplaudir con el entusiasmo de esta temporada.

Abrir los teatros, los cines, los museos, las salas de conciertos es una forma de resistencia. Mientras los espacios culturales de París, de Londres, de Berlín, de Milán, de Viena permanecen cerrados, la Comunidad de Madrid es una isla cultural en medio de un páramo. Disculpen que esté legítimamente orgullosa de vivir en un lugar donde la cultura se ha reivindicado y de pertenecer a un Gobierno que apuesta por permitir el desarrollo de la actividad cultural con severos protocolos sanitarios.

Y dentro de cien años, cuando se estudie el terremoto social que supuso la maldición del covid, quizá se recuerde que mientras los teatros de Europa estaban clausurados, en Madrid se levantaban decenas de telones cada tarde y los madrileños encontraban en todas las formas de arte una vía de escape para el tiempo de silencio que nos tocó vivir."

Citar textualmente las palabras de Marta Rivera de la Cruz, es el fiel testimonio del amor que despierta Madrid y el ejemplo de que, cuando las cosas se hacen bien los resultados resultan espectaculares.

Frente a esta realidad, la campaña electoral de las próximas elecciones en Madrid ha removido el nido mediático, que ha salido en forma desbocada a atacar al actual gobierno de la comunidad que se presenta para su reelección, sin percibir que a lo que están atacando, no es a un gobierno, sino a una ciudad y a sus habitantes que no se resignan a perder su libertad.

Madrid ES una fiesta y está en las manos de sus ciudadanos que lo continúe siendo después del 4 de mayo.

SI LA VIDA FUERA UNA CIUDAD, ESA CIUDAD SERIA MADRID

MADRID 24 DE MAYO DE 2021.

El turismo internacional tuvo esta semana, luego de quince meses de padecimientos su fiesta grande; la pandemia no ha pasado, pero FITUR devolvió la esperanza al sector y convirtió a Madrid en la capital mundial del turismo.

Para entender qué pasó y por qué pasó lo que pasó, recurrimos a las palabras de la presidenta de la Comunidad Isabel Díaz Ayuso y a las del alcalde José Luis Martínez Almeida en el acto del día de Madrid celebrado en el pabellón 9 de IFEMA el viernes pasado.

Normalmente los políticos cuando hablan de turismo se reducen a repetir datos fuera de contexto y afirmar que maravilloso es el sector, pero este no ha sido el caso. No recuerdo dos alocuciones tan densas en su contenido y tan entusiastas en sus formas que parecían salidas del más brillante dirigente turístico que se pueda encontrar, en ellas reflejaron un verdadero compromiso con el sector, ya que entendieron que el éxito de su gestión está ligado indefectiblemente al éxito del turismo. Asimismo, lo enunciado no fue como es costumbre, una serie de promesas que serán inevitablemente incumplidas, sino una exhaustiva enumeración de logros obtenidos que nos diferencian del resto del mundo.

El alcalde de Madrid arrancó con munición gruesa "sentirnos orgullosos de Madrid y de los madrileños", "formar parte de este proyecto de la ciudad y de la región que nos permite vivir libremente", calificando FITUR como "la primer gran feria que ha habido en el mundo sobre turismo, primer gran evento de movilidad internacional con todas las condiciones de seguridad", "y hacerlo precisamente en IFEMA, el mejor emblema de lo que han sido los últimos 40 años de desarrollo de la comunidad de Madrid" "ejemplo de colaboración público privada y colaboración institucional".

Continuó exponiendo "si vemos los últimos 15 meses que hemos tenido que pasar, que mantuvimos una lucha sin cuartel contra la pandemia", "un futuro que no tenemos que reconstruir, porque Madrid no ha sido destruida" "el espíritu de los madrileños siempre se ha mantenido arriba".

Relata, que los ejes de trabajo del ayuntamiento fueron primero, fortalecer la gobernanza del modelo turístico de Madrid de colaboración con el sector privado y con la comunidad, dando mayor cabida y mayor voz a quienes mejor conocen el sector (concepción contraria al modelo socialista que arma planes de laboratorio que todos tiene que obedecer, y de libertad nada), segundo, apostar por la sostenibilidad del turismo como modelo de convivencia, que en 2019 recibió más de 10 millones de turistas, mejora de la calidad de vida como ciudad y que no tengan huella de carbono los eventos turísticos, tercero, la digitalización como herramienta antes de venir y después que se van, para conseguir que vuelvan, y cuarto mejorar el posicionamiento en el largo radio.

Destacó la colaboración de la "sociedad civil más pujante, más abierta y más dinámica de España" que ha emprendido proyectos tan ambiciosos como la apertura del Four Seasons el Ritz Mandarín Oriental y el Villa Magna, sumado a disponer del mayor museo del mundo del futbol en Puerta del Sol.

"Madrid la capital mas pujante a nivel mundial en el ámbito de la gastronomía" es por tercer año consecutivo el "mejor destino de turismo del mundo en el ámbito de los negocios turísticos", por ello "podemos mirar con optimismo el futuro" porque "si se recupera Madrid se recuperará España".

Sin caer en ningún momento el entusiasmo y el mensaje positivo, cerró el acto la presidenta de Madrid, marcando definiciones y enumerando tareas cumplidas en los últimos dos años que permitieron la realización de FITUR 2021.

Mostró su beneplácito por "haber hecho realidad realizar la primera gran feria del turismo internacional de manera presencial y segura", definiendo con una frase el fondo de su política "llevamos meses en Madrid haciendo cosas que nos decían que eran imposibles".

Anunció la creación de la nueva marca "Greater Madrid" para impulsar la región como "destino de destinos", promoción como "destino de bodas" para el público norteamericano, creación de un bono de 600 euros para estimular el turismo nacional, acogida en el mes de octubre de los "Premios Platino del cine Iberoamericano".

Sentenció luego "FITUR se ha convertido en un motivo para la esperanza del sector turístico", "IFEMA demostró s capacidad organizativa y empresarial", "este FITUR es una prueba que se puede recuperar la vida que tuvimos", "en el futuro recordaremos lo que fue la prueba de coraje de tantos profesionales que aspiran recuperar Madrid y recuperar España".

Recordó que hace casi un año propuso una cartilla covid que facilitara el movimiento de personas vacunadas, que fue rechazada pero ahora se convierte en realidad, también propusieron la bajada del IVA turístico y un sistema de desgravaciones sobre el IRPF para el gasto turístico nacional, que se encuentran aún sin respuesta.

"Madrid está preparada, uno de los mayores atractivos es el "ambiente" de Madrid de su gente, de su vida que se vive con gusto en las calles todos los días de la semana todo el año"

"La metáfora gastronómica de la vida de Madrid son sus tapas", "el viajero va de vinos por la comunidad de Madrid y casi sin darse cuenta, hace las mismas rutas en las que paraban Cervantes, Lope de Vega, Quevedo, Ramón Gómez de la Serna, Federico García Lorca, la Argentinita, Hemingway y Ava Gardner los 'taberneros ilustres'", (término que fue utilizado por el gobierno para desprestigiar Madrid en la última campaña electoral y que los madrileños lo dieron vuelta convirtiéndolo en un símbolo de la fuerza de la ciudad).

Define Madrid como "potencia cultural, que hace que el turismo sea de calidad y con sentido", "la comunidad de Madrid en su conjunto es la mejor pinacoteca del mundo" "durante siglos los artistas sabían que Madrid era el sitio que había que estar", "Madrid que es de todos, porque no es de nadie, debe su potencia cultural haber sido Corte, la aportación de los reyes desde Felipe II y sus sucesores a quienes debemos El Prado, Aranjuez, La Granja, El Buen Retiro o El Escorial", "desde el propio Alfonso XIII, que inaugura la era del turismo moderno, con su apoyo a los primeros Paradores, hasta hoy Don Felipe que con su prestigio mundial es el gran aval de la marca España".

"Este patrimonio no se entiende sin la lengua, el español, Madrid es la capital del español en Europa, estamos en la cuna del siglo de oro y la edad de plata, que fueron posibles porque aquí se juntaron hombres y mujeres de toda España y de Hispanoamérica".

"Los españoles y los madrileños saben que viajando se hace patria, por ello visitar Madrid es sentirse llamado a conocer el resto de España, que aquí se reúne, se expresa, y se vive, en libertad". "aquí los jóvenes se encuentran con su historia".

"Durante muchos meses, cuando los espacios culturales de casi todo el mundo se encontraban cerrados, Madrid fue la única región que se empeño en mantener abiertas las puertas de teatros, cines, museos o salas de conciertos", "la plenitud de nuestra vida cultural es también un mensaje a quienes piensan en visitarnos", "No entendemos esta comunidad sin todo lo que hace que la cultura siga viva".

"Entre nuestros objetivos esta traer turismo de calidad y con sentido", "que valore la oferta cultural, gastronómica, deportiva, enológica o de compras, así como el viajero que llega atraído por congresos y grandes eventos".

Pone como objetivos estratégicos incrementar al gasto medio por turista y los días de estadía.

"No solo somos un destino atractivo para los turistas sino también para las empresas del sector, porque esta garantizada la seguridad jurídica y nuestra normativa es cada vez mas sencilla".

"Plató elegido para rodar ambiciosas producciones internacionales y, que empresas de todo el mundo hayan elegido Madrid como sede de sus filiales para Europa del sur" y finalmente "que su nudo digital la convierta en el lugar con mayor conectividad y más cobertura 5G del continente".

"No es casualidad los hoteles 5 estrellas y no es casualidad que el Teatro Real ha sido elegido el mejor teatro de opera del mundo, que alberguemos la primera plaza de toros del mundo, y compartimos con los viajeros de la América Hispana la patria común del español".

"Nunca olvidaremos la preciosa ayuda que los profesionales de la hotelería y del turismo prestaron al gobierno durante los días mas difíciles de nuestra historia reciente".

"Siempre recordare como en las horas terribles para vuestras empresas nos llamabais para preguntar que podías hacer para ayudar, esto revela la pasta de que esta hecha esta sociedad".

"Esta es la región en que se hacen realidad los mejores proyectos empresariales y de la vida, como las legitimas ambiciones de prosperidad y de progreso".

"Si vienes a Madrid eres de Madrid, Madrid se quedará en cada viajero, muchos volverán, algunos para siempre, esta es su casa cuando estén de paso y su hogar si eligen quedarse".

"Tras este FITUR simbólico lleno de esperanza, nos queda un apasionante viaje para seguir construyendo España y la comunidad de Madrid, contamos con todos ustedes para encarar este reto".

Considero que lo vertido en ese acto del día de Madrid es suficiente para interpretar la situación actual del turismo, haciendo mía la frase pronunciada por el alcalde "Si la vida fuera ciudad, esa ciudad sería Madrid"

MADRID UNDER ATTACK

MADRID 9 DE AGOSTO DE 2021

Durante todo lo que va de la pandemia y aún en los momentos más difíciles, Madrid defendió y se la jugó por el turismo y la hostelería, resistiendo a los ataques del gobierno central, que llegó a cerrar la capital de España declarando un estado de emergencia "a medida" con excusas falsas, mintiendo el otrora ministro de sanidad, hoy oscuro líder catalán, todo para ganar unas elecciones, que no solo no le permitieron gobernar, sino que resucitó a los separatistas que estaban muertos políticamente y hoy son los dueños de la "llave del Reino de España", al que quieren destruir, para que Pedro Sánchez siga durmiendo en el colchón de Rajoy y paseando por el mundo en su Falcon.

Los ministros del gobierno central en todo este período, no perdieron oportunidad para insultar al turismo, a sus empresarios y a sus trabajadores, uniéndose al coro de los separatistas catalanes, vascos, valencianos y mallorquines pasando de la cantinela original "España ens roba" a la versión "Madrid ens roba" según denuncian todos los periódicos en sus titulares de noviembre y diciembre de 2020, transformándola en la criminal frase "turismo o salud" o sea "el turismo ens roba", otra etapa de la "turismofobia" nacida en Barcelona y Baleares, insultando el gobierno del PSOE y (sus socios Frankenstein formado por comunistas caribeños, separatistas, delincuentes condenados por sedición y malversación de fondos públicos, y representantes de la banda asesina ETA), no sólo a Madrid y los madrileños sino a todos los sufridos y queridos compatriotas catalanes, vascos, valencianos y mallorquines que sufren en su territorio gobiernos incompetentes, producto de espurios pactos, que los están llevando a la ruina y provocando fracturas en la sociedad, que generan odio de hermanos contra hermanos.

Mientras llueven los millones para los enemigos de España, Madrid no recibe ningún tipo de apoyo que legalmente le corresponde, pero sigue adelante, controlando la pandemia con criterios sanitarios y no político/ideológicos, manteniendo abierta la hostelería como fuente de trabajo y lugar de esparcimiento de las familias madrileñas y de los turistas que llegan pese a todas las trabas que les ponen.

Madrid recoge reconocimientos internacionales como la declaración de patrimonio de la humanidad por la Unesco del eje Prado-Recoletos-Retiro, que provocó según nos informan una rabieta presidencial, echo que me hizo recordar a octubre de 2009, en que participaba de un encuentro empresarial Uruguay-Barcelona, (cuando todavía los empresarios catalanes eran "universales" y no presos de un "proces" inaugurado con el tres per cent de Jordi Pujol, hoy por sentarse en el banquillo junto a su mujer y todos sus hijos por asociación ilícita) en el momento justo que Madrid perdía la elección para sede de las olimpíadas frente a Rio de Janeiro, noticia que vi en directo en el televisor del bar del Hotel Juan Carlos I, y al salir a la calle para dirigirnos a cenar, nos encontramos con una caravana de automóviles que tocando bocina festejaban que Madrid no sería sede olímpica; ese día decidí inscribirme en "voluntarios COE" para luchar que España volviera a ser sede de unos juegos olímpicos, como los maravillosos del 92 en Barcelona.

Esta declaración de la Unesco potencia la oferta turística de Madrid y lo consolida como una de las regiones más dinámicas en la gestión de sus recursos turísticos, que estuvieron en serio riesgo en el Ayuntamiento de Madrid con el gobierno podemita, que en cuatro años degradó la ciudad imitando a la "stop desahucios" que destruyó Barcelona, otrora ciudad con mayor atractivo turístico de España y de las principales de Europa, pero los Madrileños se rebelaron ante el suicidio turístico y cambiaron su voto en 2019, hoy Madrid brilla, batiendo records de nuevos hoteles cinco estrellas y Barcelona languidece, con huida de empresas, perdida de seguridad y destrucción de su aparato productivo.

El contundente resultado "tabernario" de las elecciones del 4 de mayo en Madrid, por un lado, sacudió los cimientos del gobierno comunista tumbando ocho ministros, y por otro generó como reacción una actitud de "vamos a por Madrid" para lo cual están dispuestos a utilizar todas las armas a su alcance y poniendo como "diana" su turismo.

Al mismo tiempo que se subvenciona a una compañía aérea chavista, hecho hoy sujeto a investigación judicial y mirado con desconfianza por la Unión Europea, en forma inconsulta el gobierno pacta con el presidente de la comunidad autónoma catalana, la ampliación del aeropuerto del Prat, con la oposición de parte de los separatistas incluidos los socios podemitas, anunciando un futuro de hub internacional, hoy inviable debido al deterioro catalán, ignorando que el gran hub internacional es Barajas al cual Málaga debe complementar, constituyendo el eje de transporte aero-comercial más importante del sur de Europa.

Mientras el gobierno y sus socios separatistas van dando tumbos, el ayuntamiento de Madrid dedicado a trabajar por el turismo con toda su estructura, ya comenzó a establecer planes con las compañías aéreas para potenciar Barajas como puerta de entrada del turismo vip europeo.

Hoy la "madrileñofobia" la conducen el sospechado por las actividades de su hermano, presidente de la comunidad valenciana y el ministro de seguridad social, liberal hasta hace un año, hoy rabioso comunista, amenazando castigar el éxito de Madrid por su "capitalidad" con un impuesto especial. Deberían explicar como Madrid en casi quinientos años de ser la capital del Reino de España, sólo en los últimos veinte esa capitalidad le otorgó ventajas en sus resultados económicos y sociales, no será que Madrid está bien gobernada y las comunidades gobernadas por socialistas, comunistas y separatistas son un desastre.

El último dislate de la "madrileñofobia" lo dieron en las últimas horas dirigentes separatistas al culpar a España, a Madrid y al "Real Madrid" de la oscura huida de Messi, ocultando que el Futbol Club Barcelona, (utilizado los últimos años como ariete político de la propaganda separatista antiespañola), está fundido, como lo está Barcelona, al igual que el resto de Cataluña, no pudiendo pagar al "mejor jugador del mundo" ni siquiera con malabarismos contractuales.

Pero estamos en condiciones de anunciar que no podrán con Madrid, el gobierno de la comunidad, el ayuntamiento y los tabernarios, avanzada del turismo madrileño, no lo permitirán, lasciate ogni speranza voi que atacan al turismo de Madrid.

EPÍLOGO

De la misma forma que comencé estas reflexiones, hoy estoy en otra fría mañana de otoño madrileño, mañana de domingo, el primero de Adviento, el primer día del año para los cristianos, por lo cual va mi deseo de "Feliz Año Nuevo".

Ayer participé del multitudinario acto donde Alberto Núñez Feijoo presidente del Partido Popular y Senador, Isabel Díaz Ayuso Presidente de la Comunidad de Madrid y Presidente del Partido Popular de Madrid y José Luis Martínez Almeida Alcalde de Madrid, donde mostraron su unidad pese a la despiada campaña de la prensa oficialista que intenta enfrentarlos, hablándole a los madrileños y a los españoles sobre la situación del país y sus propuestas para las elecciones del próximo año 2023.

Fueron muchos y muy profundos los conceptos vertidos, pero me que con uno como resumen de mi reflexión:

"A Madrid no se viene a perder el tiempo", siendo la síntesis del proyecto ilusionante que nos trajo a los españoles atlánticos a Madrid, pues no nos queda tiempo que perder.

BIBLIOGRAFÍA

En la creación de este breve ensayo, recurrí a apuntes y glosas (mi manía de subrayar y escribir en los bordes de los libros) de las siguientes obras:

1. De las Casas, Bartolomé, Brevísima relación de la destrucción de las Indias

2. Diaz del Castillo, Bernal, Historia verdadera de la Conquista de La Nueva España

3. Helliot, John, Imperios de Mundo Atlántico, España y G Bretaña en América

4. Pérez, Joseph, La Leyenda Negra

5. Roca Barea, María Elvira, Imperiofobia y Leyenda Negra

6. Thomas, Hugh, El Imperio Español de Colon a Magallanes

7. Vélez, Iván, El mito de Cortés

8. Vélez, Iván, La conquista de México. Una nueva España

9. Belloc, Hilaire, Las Grandes Herejías

10. Chesterton, G.K., Breve Historia de Inglaterra

11. Márquez, Nicolas y Laje, Agustín, El Libro Negro de la Nueva Izquierda

12. Perón, Juan Domingo, La Comunidad Organizada

13. Arias, Inocencio, Esta España Nuestra

14. Mann,Charles, 1493 una nueva historia del mundo después de Colón

15. Plutarco, Vidas Paralelas: Alejandro-César

16. Tito Livio, La Segunda Guerra Púnica

17. Stewart, George, La Tierra Permanece

18. Goldaracena, Ricardo, El Libro de los Linajes

19. González Gato, Aitor, Guía de las Torres de Vizcaya

20. Mañaricua, Andrés, Vizcaya, Siglos VIII al XI.
    Los orígenes del Señoría

21. Real de Azúa, Carlos, España de Cerca y de Lejos

22. Real de Azúa, Carlos, Los orígenes de la nacionalidad uruguaya

23. Jauretche, Arturo, Manual de Zonceras Argentinas

24. Marías, Julián, España Inteligible

25. Ortega y Gasset, Dos Visiones de España. Cataluña y España un
    debate sin fin

26. González, Julio Carlos, La involución Hispanoamericana,
    De provincias de las Españas a Territorios Tributarios

27. Gullo Omoedo, Marcelo, Madre Patria

www.ingramcontent.com/pod-product-compliance
Lightning Source LLC
Chambersburg PA
CBHW051703250726
48653CB00007B/2824